APRESENTAÇÃO DO AUTOR

Olá caro leitor, meu nome é Guilherme Gomes, sou formado em Economia com MBA em Administração, Finanças e Geração de Valor pela PUC RS

Depois de quase uma década atuando em Finanças Empresariais em algumas empresas, sempre na área financeira e administrativa, eu e minha esposa (que tem a mesma formação que eu) decidimos começar a ajudar casais a organizarem as finanças, mas o que mais nos surpreendeu é que as pessoas gostariam mesmo é de aprender a fazer o primeiro investimento, sem terem nenhum conhecimento sobre o assunto, e foi daí que esse livro veio à existência e eu tenho certeza que vai te ajudar a dar esse pontapé inicial na sua vida de investimentos seguros para ter aquele dinheirinho rendendo todo mês.

INTRODUÇÃO

Bem-vindo ao "Investidor Leigo - Faça seu primeiro investimento em renda fixa". Neste livro, vamos desbravar juntos o universo dos investimentos seguros, guiando você em direção ao seu primeiro passo no mundo da renda fixa. Entenderemos desde os conceitos mais básicos até a execução prática do seu primeiro investimento.

Este livro foi cuidadosamente elaborado para ser o seu guia confiável no mundo dos investimentos seguros, conduzindo-o de maneira acessível e envolvente pelo seu primeiro passo no emocionante território da renda fixa. Aqui, desvendaremos desde os fundamentos mais básicos até a aplicação prática do seu inaugural investimento. Prepare-se para uma jornada educativa repleta de empoderamento financeiro!

Nas próximas páginas, mergulharemos em conceitos que podem inicialmente parecer complexos (mas quem vê cara não vê coração), você vai ver que tudo não passa de nomes diferentes, mas que na prática é mais simples do que você imagina. Tudo será desvendado de forma simples e descomplicada. Seu entendimento sobre finanças pessoais e investimentos está prestes a alcançar novos patamares.

Imagine este livro como seu companheiro de confiança, um mentor que o conduzirá cuidadosamente pelos corredores muitas vezes desconhecidos do mercado financeiro. O objetivo é não apenas transmitir conhecimento, mas também empoderá-lo para tomar decisões informadas e seguras sobre seu dinheiro. Independente da sua classe social, formação ou profissão! Independente se você é homem ou mulher, jovem ou adulto ou se está na melhor fase da vida, esse livro é pra você que é leigo em finanças, esse é o pré-requisito.

Prepare-se para descobrir a empolgante jornada que é a construção de seu patrimônio, começando pelo alicerce sólido que é o seu primeiro investimento em renda fixa. Esteja certo de que ao final desta leitura, você estará mais confiante, capacitado e pronto para dar continuidade a uma trajetória financeira mais consciente.

Agora, embarque conosco nesta viagem educativa e transformadora. Estamos prestes a explorar um mundo de oportunidades financeiras que, até agora, pode ter parecido um território inexplorado. Estamos aqui para desmistificar, simplificar e inspirar. Sua jornada como investidor leigo começa agora!

CAPÍTULO 1: PRIMEIROS PASSOS - ABRA SUA CONTA

1.1 A Importância De Ter Uma Conta Bancária:

Imagine sua conta bancária como a base de uma casa financeira, assim como a solidez do alicerce determina a estabilidade de uma casa, a escolha inteligente e consciente de uma conta bancária é crucial para construir a base sólida de sua saúde financeira. Neste capítulo, não apenas exploraremos, mas também celebraremos a importância vital de possuir uma conta bancária, desvelando os múltiplos aspectos que a tornam indispensável para o seu sucesso financeiro.

A conta bancária não é apenas um local seguro para armazenar seu dinheiro; ela é um ponto de partida essencial para qualquer jornada de investimento. É o epicentro onde a segurança, praticidade e benefícios financeiros convergem para criar um ambiente propício ao crescimento do seu patrimônio.

Agora, se você ainda não possui uma conta bancária, não se preocupe! Este é o ponto de partida perfeito para começar a construir sua casa financeira. Descubra por que reunir seus documentos e abrir uma conta bancária é o primeiro passo imperativo rumo ao mundo dos investimentos. Mesmo que você já tenha uma conta, não tire os olhos desta leitura, pois cada página deste livro foi meticulosamente elaborada para proporcionar insights valiosos e detalhes cruciais. Garantimos que nenhum aspecto essencial será deixado de lado.

Esteja preparado para uma jornada de descobertas, na qual cada conhecimento adquirido será um tijolo adicionado à construção sólida de sua compreensão financeira. Vamos explorar, entender e aplicar, pois alicerces fortes são o segredo para alcançar novas alturas em sua jornada financeira. Seja bem-vindo a este capítulo, onde a fundação de sua casa financeira está prestes a ser firmemente estabelecida.

1.2 Como Escolher O Banco Certo Para Você:

A escolha de onde armazenar seu dinheiro vai além de uma decisão prática; é uma questão de estabelecer uma parceria financeira sólida que verdadeiramente atenda às suas necessidades e objetivos. Neste fascinante mergulho no universo bancário, não apenas exploraremos as opções disponíveis, mas também desvendaremos os critérios fundamentais para a seleção do banco perfeito que harmonize com o seu estilo de vida financeiro.

Imagine seu banco como um parceiro de confiança em sua jornada financeira, uma entidade que vai além de apenas guardar seus recursos, mas que está alinhada com seus valores, oferece serviços personalizados e contribui para o crescimento do seu patrimônio.

Descubra como transformar a escolha do banco em uma decisão estratégica que não só proteja, mas otimize o potencial do seu dinheiro.

Vamos explorar meticulosamente cada faceta que compõe um banco ideal para você. Desde taxas e tarifas até a qualidade do atendimento ao cliente, cada elemento será desvendado para que você possa tomar uma decisão informada e alinhada aos seus objetivos financeiros.

Entenda como diferentes instituições financeiras oferecem uma variedade de serviços e vantagens, adaptando-se às necessidades específicas de cada cliente. Seu banco é mais do que uma instituição; é um facilitador do seu sucesso financeiro.

Este é o seu convite para embarcar em uma jornada de descoberta, na qual você aprenderá a selecionar não apenas um banco, mas um parceiro de confiança que contribuirá para o seu crescimento financeiro e bem-estar. Prepare-se para mergulhar em detalhes intrigantes e descobrir os segredos para encontrar o banco perfeito que fará parte fundamental da sua jornada rumo à prosperidade financeira.

Bancos:

Primeiro vamos dividir os bancos em duas categorias, bancos digitais e bancos físicos

Bancos Físicos:

Num ambiente físico, o banco oferece uma presença tangível através de suas agências, proporcionando aos clientes a oportunidade de realizar transações pessoalmente. Com a presença de caixas eletrônicos e uma infraestrutura física sólida, os clientes podem contar com um atendimento pessoalizado, permitindo consultas, abertura de contas e resolução direta de questões bancárias nas agências.

Em transações que requerem uma abordagem mais tradicional, a documentação presencial ainda desempenha um papel essencial. Alguns serviços demandam a apresentação física de documentos e a assinatura pessoal para sua conclusão, preservando a formalidade e segurança necessárias.

Operando dentro de um horário comercial convencional, o banco físico estabelece dias úteis e horários específicos durante os finais de semana para atender às necessidades de sua clientela. Contudo, a disponibilidade do atendimento está intrinsecamente ligada à presença e operação das agências.

No entanto, é importante notar que essa presença física e a infraestrutura operacional têm um custo. A manutenção de uma rede física de agências pode acarretar custos operacionais mais elevados para o banco, o que, por sua vez, se reflete nas taxas e tarifas cobradas dos clientes. Esta é uma consideração fundamental ao escolher entre a comodidade de uma presença física e os custos associados a ela.

Bancos Digitais:

Num cenário digital, o banco rompe com a tradicional presença física, abraçando um universo virtual onde todas as transações e serviços são conduzidos de maneira online, por meio de aplicativos e plataformas digitais inovadoras.

O atendimento ao cliente, essencialmente, se desenrola nos canais virtuais, como chat, e-mail e telefone, proporcionando uma experiência conveniente e ágil. A documentação necessária para transações pode ser enviada e assinada digitalmente, resultando em uma notável redução da burocracia e na execução eficiente de processos eletrônicos.

A operação 24/7 é uma das características mais marcantes dos bancos digitais. Acesso aos serviços bancários a qualquer momento, sem restrições de horário, proporciona aos clientes uma flexibilidade incomparável.

Além disso, muitos bancos digitais se destacam ao oferecerem serviços sem tarifas ou com tarifas altamente competitivas, um benefício diretamente relacionado à significativa redução de custos operacionais associados à ausência de infraestrutura física.

Focando na experiência do cliente, esses bancos digitais são arquitetados para oferecer interfaces intuitivas, aplicativos amigáveis e processos simplificados, tudo com o objetivo de tornar a gestão financeira do usuário mais fácil e acessível.

E, impulsionando essa revolução digital, esses bancos não apenas adotam, mas também abraçam tecnologias avançadas, como inteligência artificial e automação, proporcionando uma experiência bancária moderna, eficiente e alinhada com as demandas contemporâneas.

Além disso, a natureza virtual desses bancos os liberta de vinculações geográficas, permitindo que clientes de diversas regiões tenham acesso aos mesmos serviços sem as limitações de uma localização física específica.

Ambos os modelos de bancos, físico e digital, apresentam suas próprias vantagens e desvantagens. A escolha entre eles, depende das preferências individuais do cliente, de suas necessidades específicas e do tipo de serviços bancários que procuram. A revolução digital no setor financeiro oferece uma gama diversificada de opções, cada uma moldada para atender às expectativas e estilos de vida únicos de seus usuários.

Lista dos maiores bancos operando no Brasil em 2024

Bancos Digitais:

C6 Bank:

Características Distintivas: Destaca-se por sua proposta de serviços bancários digitais sem tarifas e por oferecer produtos financeiros variados.
Serviços Oferecidos: Conta corrente digital, cartão de crédito, investimentos, câmbio e programas de benefícios.
Flexibilidade Financeira: Busca atender às diferentes necessidades dos clientes com soluções flexíveis e acessíveis.

Nubank:

Características Distintivas: Foi um dos pioneiros na revolução dos bancos digitais no Brasil. Conhecido por sua simplicidade, ausência de tarifas abusivas e foco em experiência do cliente.

Serviços Oferecidos: Cartão de crédito, conta corrente digital, empréstimos e investimentos.
Inovações Tecnológicas: Utilização intensiva de tecnologia para proporcionar uma experiência bancária moderna e eficiente.
Banco Inter:

Características Distintivas: Oferece uma conta corrente digital sem tarifas, além de uma ampla gama de serviços financeiros. Destaca-se pela plataforma completa e por sua proposta sem burocracias.
Serviços Oferecidos: Conta corrente digital, cartão de crédito, empréstimos, investimentos e seguros.
Conectividade: Busca integrar diferentes serviços financeiros em uma única plataforma digital.

Banco Original:

Características Distintivas: Foco em oferecer serviços bancários de forma 100% digital. Disponibiliza uma plataforma completa para gestão financeira.
Serviços Oferecidos: Conta corrente digital, cartão de crédito, investimentos, seguros e opções de crédito.
Personalização: Busca proporcionar uma experiência personalizada aos clientes por meio de soluções diversificadas.

Bancos Físicos:

Santander:

Características Distintivas: É um banco de grande porte, com presença nacional e internacional. Oferece uma ampla gama de serviços financeiros, tanto presencialmente quanto digitalmente.
Serviços Oferecidos: Conta corrente, cartões, investimentos, empréstimos, financiamentos e seguros.
Presença Física: Mantém uma extensa rede de agências físicas para atender clientes pessoalmente.

Itaú:

Características Distintivas: Um dos maiores bancos do país, oferece uma vasta gama de serviços bancários, desde contas correntes até serviços de investimento e seguros.
Serviços Oferecidos: Conta corrente, cartões, empréstimos, financiamentos, investimentos e seguros.
Ampla Infraestrutura: Mantém uma extensa rede de agências físicas e caixas eletrônicos.

Banco do Brasil:

Características Distintivas: É uma instituição bancária estatal com uma longa história. Oferece uma ampla variedade de serviços e possui uma extensa presença em todo o território nacional.
Serviços Oferecidos: Conta corrente, cartões, investimentos, empréstimos, financiamentos e seguros.
Rede de Atendimento: Conta com uma vasta rede de agências físicas e pontos de atendimento.

Caixa Econômica Federal:

Características Distintivas: É uma instituição financeira estatal, conhecida por suas operações voltadas para o financiamento habitacional e serviços sociais.
Serviços Oferecidos: Conta corrente, cartões, poupança, financiamentos, programas sociais e investimentos.
Foco Social: Além dos serviços bancários, tem um forte foco em programas sociais e habitacionais.

1.3 Documentos necessários para abrir uma conta:

Os documentos necessários para abrir uma conta podem variar de acordo com o banco e o tipo de conta desejada. Abaixo, listo alguns documentos comuns que geralmente são solicitados pelos bancos físicos e digitais no Brasil:

Bancos Físicos:
Santander:

Documento de identidade (RG ou CNH);
CPF;
Comprovante de residência recente;
Comprovante de renda (pode ser solicitado dependendo do tipo de conta ou serviço).

Itaú:

Documento de identidade (RG ou CNH);
CPF;
Comprovante de residência recente;
Comprovante de renda (pode ser solicitado dependendo do tipo de conta ou serviço).

Banco do Brasil:

Documento de identidade (RG ou CNH);
CPF;
Comprovante de residência recente;
Comprovante de renda (pode ser solicitado dependendo do tipo de conta ou serviço).

Caixa Econômica Federal:

Documento de identidade (RG ou CNH);
CPF;
Comprovante de residência recente;
Comprovante de renda (pode ser solicitado dependendo do tipo de conta ou serviço).

Bancos Digitais:

C6 Bank:

Documento de identidade (RG ou CNH);
CPF;
Ser maior de 18 anos.
Observações Gerais:
Comprovante de Residência:

Pode ser uma conta de água, luz, telefone ou um contrato de aluguel em seu nome.

Comprovante de Renda:

Pode ser um contracheque, declaração de imposto de renda, extratos bancários ou outros documentos que comprovem sua renda.

Nubank:

Documento de identidade (RG ou CNH);
CPF;
Ser maior de 18 anos.

Banco Inter:

Documento de identidade (RG ou CNH);
CPF;
Ser maior de 18 anos.

Banco Original:

Documento de identidade (RG ou CNH);
CPF;
Ser maior de 18 anos.

Observação importante - Autenticação de Documentos:

Alguns bancos podem solicitar cópias autenticadas dos documentos, enquanto outros aceitam cópias simples. Verifique as políticas específicas de cada banco.

É sempre recomendável entrar em contato com o banco desejado para obter informações precisas sobre os documentos necessários, pois os requisitos podem ser atualizados e variar ao longo do tempo.

Mas de uma maneira geral é bem simples, inclusive você consegue abrir sua conta direto pelo celular nos aplicativos do banco, escolha qual banco você vai abrir baseado nas informações que coloquei aqui e siga o passo a passo de abertura.

Esse aplicativos mudam sempre, então por mais que eu coloque imagens aqui pra você seguir, pode ser que na hora que você vá fazer já tenha mudado, mas é bem simples, é só ler atentamente o que é solicitado na tela do seu celular e pronto.

1.4 Dicas para evitar taxas desnecessárias:

Bem-vindo a um capítulo crucial na sua jornada financeira! Neste módulo, mergulharemos em dicas práticas para evitar taxas bancárias desnecessárias e otimizar o potencial do seu dinheiro. Vamos explorar estratégias inteligentes que garantirão que sua relação com o banco seja não apenas financeiramente eficiente, mas também recompensadora.

Escolha do Banco:

Comece pela escolha cuidadosa do seu banco. Como mencionamos anteriormente. Bancos digitais, como Nubank, Banco Inter, Banco Original e C6 Bank, muitas vezes oferecem serviços com taxas mais competitivas ou até mesmo isentas. Avalie as condições de cada banco e escolha aquele que melhor se alinha às suas necessidades.

Tarifas e Pacotes:

Entenda completamente as tarifas associadas à sua conta. Bancos físicos, como Santander, Itaú, Banco do Brasil e Caixa, podem ter diferentes pacotes de serviços. Escolha um pacote que se adeque ao seu perfil de uso para evitar taxas desnecessárias. Uma dica é começar com a tarifa mais básica, mas que de acesso a fazer saques, pagar contas, etc.

Utilize Serviços Online:

Bancos digitais destacam-se pela oferta de serviços online. Explore as funcionalidades dos aplicativos, realizando transações, consultas e pagamentos digitalmente. Isso não apenas economiza tempo, mas muitas vezes está associado a menores taxas.

Saques Planejados:

Planeje seus saques. Evite retiradas em caixas eletrônicos de outros bancos, pois isso pode acarretar em taxas adicionais. Escolha caixas da sua instituição ou utilize a funcionalidade de saque em estabelecimentos parceiros, comuns em bancos digitais.

Alertas de Conta:

Ative alertas de conta. Muitos bancos oferecem a opção de receber notificações sobre saldos, transações e vencimento de contas. Essa prática ajuda a manter o controle financeiro e evita surpresas desagradáveis.

Negocie com o Banco:

Esteja disposto a negociar. Caso identifique tarifas que considera excessivas, entre em contato com seu banco. Muitas instituições estão abertas a negociações e podem oferecer soluções personalizadas para atender às suas necessidades.

Lembre-se, o objetivo é maximizar o potencial do seu dinheiro, e isso começa com uma abordagem consciente em relação às suas transações bancárias. Ao implementar essas dicas, você estará no caminho certo para uma gestão financeira mais eficiente e, consequentemente, mais rentável. Este módulo será seu guia prático para alcançar esses objetivos. Boa jornada!

INVESTIDOR LEIGO

CAPÍTULO 2: O QUE É UM INVESTIMENTO "NO BANCO"

2.1 Conceitos Básicos De Finanças Pessoais:

Fundamentos Financeiros Essenciais

Seja bem-vindo ao segundo capítulo, um ponto de partida fundamental na sua jornada para uma vida financeira mais sólida. Aqui, vamos desbravar os alicerces essenciais das finanças pessoais, começando pelos termos básicos que são a base de uma gestão financeira saudável. Prepare-se para mergulhar nos conceitos de orçamento, receitas e despesas, elementos cruciais para entender e transformar sua situação financeira.

Orçamento: O Guia da Sua Jornada Financeira

O orçamento é como o mapa que guia sua jornada. Ele não apenas rastreia para onde vai seu dinheiro, mas também o direciona para onde você deseja que ele vá. Vamos desmistificar o processo de criação de um orçamento prático e personalizado, adaptado às suas metas e necessidades.

Para exemplificar, vamos entender a história do "João":

Era uma vez um viajante chamado João, determinado a explorar terras desconhecidas. Ele sabia que para realizar essa jornada, precisava de um mapa confiável, algo que o guiasse entre desafios e oportunidades. Esse mapa, no mundo das finanças pessoais, é chamado de orçamento.

A História do Orçamento de João
João, como muitos de nós, não tinha um mapa claro para suas finanças. Ele recebia suas moedas de ouro, mas elas pareciam desaparecer rapidamente, como se tivessem pernas próprias. Foi então que ele descobriu a magia do orçamento.

2.2 Cenário Inicial:

João começou sua jornada financeira sem entender totalmente para onde seu dinheiro estava indo. Ele decidia gastar suas moedas de ouro aqui e ali, muitas vezes sem um propósito claro.

Descobrindo O Mapa:

Um dia, João se deparou com um velho sábio, um especialista em finanças pessoais. Esse sábio lhe mostrou como criar um mapa, ou seja, um orçamento. Ele explicou que um orçamento não apenas rastreia para onde vai o dinheiro, mas também o direciona para onde você deseja que ele vá.

Desmistificando O Processo:

João ficou intrigado. Ele imaginou seu orçamento como um tesouro escondido, e o sábio começou a desmistificar o processo. Juntos, definiram metas claras para suas moedas de ouro: uma parte para a moradia, outra para alimentação, e assim por diante.

Adaptação Às Necessidades:

O sábio ensinou a João a personalizar seu mapa de acordo com suas próprias metas e necessidades. Cada categoria no orçamento tornou-se uma destinação específica para suas moedas de ouro, guiando-o rumo a uma jornada financeira mais consciente.

O Resultado:

Com o orçamento como seu mapa, João começou a notar uma mudança. Suas moedas de ouro agora tinham um propósito claro, e ele estava no controle da sua jornada financeira. As despesas desnecessárias foram reduzidas, e João podia finalmente direcionar suas moedas para objetivos mais significativos.

Lições Aprendidas:
A história de João destaca a importância do orçamento como um guia pessoal. Assim como em sua jornada, o orçamento nos ajuda a compreender nossas finanças, a direcionar nosso dinheiro para onde realmente importa e a criar uma jornada financeira adaptada às nossas metas e necessidades.

Lembre-se, seu orçamento é como seu próprio mapa mágico. Ao desvendar seus mistérios, você se torna o mestre da sua jornada financeira, moldando-a de acordo com seus sonhos e aspirações. Estamos apenas começando, e o orçamento é o primeiro passo nessa mágica jornada.

2.3 Receitas: O Coração Financeiro

As receitas são o pulso financeiro, o coração do seu orçamento. Abordaremos não apenas como identificar e organizar suas fontes de renda, mas também como maximizá-las de maneira inteligente, garantindo que você esteja otimizando cada oportunidade financeira.

Vamos mergulhar mais fundo no universo financeiro, onde as receitas desempenham o papel vital de dar vida ao seu orçamento. Imagine-as como o pulso financeiro, o coração que faz todo o sistema funcionar, para isso vamos exemplificar com a história da "Maria":

Maria e Suas Receitas
Maria, uma jovem empreendedora, decidiu compartilhar sua jornada financeira conosco. Ela entendia que as receitas eram o coração pulsante do seu orçamento, e sabia que maximizá-las inteligentemente era essencial para o sucesso financeiro.

Identificando Fontes De Renda:

Maria começou identificando suas fontes de renda. Além do seu trabalho em período integral, ela tinha receitas adicionais de freelancers, vendas online e até aluguel de uma propriedade. Ela listou tudo, desde o maior salário até o menor rendimento extra.

Organizando Suas Receitas:

O próximo passo de Maria foi organizar suas receitas. Ela criou categorias claras, como "Salário Principal", "Rendas Extras" e "Investimentos". Cada categoria representava uma fonte distinta de receita. Isso não apenas facilitava o acompanhamento, mas também oferecia uma visão clara da saúde financeira de Maria.

Maximizando Oportunidades Financeiras:

Maria percebeu que poderia maximizar suas receitas de maneiras inteligentes. Ela investiu tempo em aprimorar suas habilidades para buscar promoções no trabalho, aumentando seu salário principal. Além disso, explorou novas oportunidades de freelancers e investiu em veículos de renda passiva.

Diversificação De Fontes De Renda:

Um conselho valioso que Maria seguiu foi diversificar suas fontes de renda. Ela não dependia apenas de seu emprego principal, mas buscava criar uma rede de receitas variadas. Isso proporcionava estabilidade financeira e reduzia o impacto de qualquer imprevisto.

Planejamento Tributário Inteligente:

Maria também aprendeu sobre planejamento tributário inteligente. Entendendo as implicações fiscais de suas diferentes fontes de renda, ela podia otimizar seu retorno líquido, garantindo que mais moedas de ouro ficassem em seu bolso.

Lições Aprendidas:

A história de Maria destaca como identificar, organizar e maximizar suas receitas são elementos cruciais para fortalecer o coração do seu orçamento. Ao seguir seu exemplo, você pode garantir que seu pulso financeiro seja forte e saudável.

Lembre-se, suas receitas são mais do que apenas números em uma planilha. Elas representam oportunidades para criar uma vida financeira mais abundante. Ao entender e aprimorar suas fontes de renda, você estará dando um passo importante para construir um orçamento resistente e sustentável. Estamos apenas começando a desvendar os segredos do sucesso financeiro, e as receitas são a chave para abrir as portas para um futuro financeiro mais próspero.

2.4 Despesas: A Jornada Do Dinheiro Gasto

Entender suas despesas é como iluminar o caminho. Analisaremos como categorizar e avaliar seus gastos, destacando áreas de oportunidade para economias inteligentes. Além disso, vamos discutir estratégias para lidar com despesas inesperadas sem comprometer suas metas financeiras.

Para simplificar, pense nas receitas como o dinheiro que entra na sua vida. Seu salário, trabalhos extras, investimentos - tudo isso compõe suas receitas.

Organizando Suas Fontes de Renda:
O primeiro passo é identificar e listar todas as suas fontes de renda. Isso pode incluir salários fixos, ganhos adicionais de freelancers, receitas de investimentos e qualquer outra forma de entrada de dinheiro.

Categorizando Suas Entradas Financeiras:
Crie categorias claras para suas receitas. Por exemplo, você pode ter uma categoria para o salário principal, outra para rendas extras e uma terceira para investimentos. Isso torna mais fácil entender de onde vem cada parte do seu dinheiro.

Maximizando Suas Oportunidades:
Agora, pense em como você pode maximizar suas receitas de maneira inteligente. Isso pode envolver melhorar suas habilidades para buscar aumentos salariais, explorar oportunidades de trabalho freelancer ou investir para aumentar suas receitas passivas.

Diversificando Suas Fontes de Renda:
Evite depender exclusivamente de uma única fonte de renda. Diversificar suas entradas financeiras oferece uma rede de segurança em caso de imprevistos e contribui para uma maior estabilidade financeira.

Entendendo Implicações Fiscais:

Tenha uma compreensão clara das implicações fiscais de suas diferentes fontes de renda. Isso permite que você otimize sua situação tributária, garantindo que você mantenha o máximo de dinheiro possível no seu bolso.

Lições Essenciais:
Entender e gerenciar suas receitas é uma parte crucial da construção de uma base financeira sólida. Ao identificar, organizar e maximizar suas fontes de renda, você fortalece o coração do seu orçamento, preparando-se para um futuro financeiro mais robusto. Este é apenas mais um passo na jornada para desvendar os segredos do sucesso financeiro, e suas receitas são a chave para abrir as portas para um futuro financeiro mais próspero.

2.5 Alcançando O Equilíbrio Financeiro

Bem-vindo ao estágio final deste capítulo, onde o equilíbrio financeiro se torna a meta. Aqui, não estamos só falando de números, mas de encontrar o ponto certo onde suas receitas e despesas se alinham, criando uma base sólida para suas finanças.

Entendendo O Equilíbrio Financeiro

Visão Clara do Orçamento:
.Ao alcançar este ponto crucial, você estará prestes a desvendar o verdadeiro panorama do seu orçamento. Imagine isso como abrir as cortinas de um quarto escuro, revelando uma visão nítida e detalhada de suas finanças. Aqui, não estamos apenas falando de números; estamos falando de uma claridade que ilumina cada centavo que entra (receitas) e cada centavo que sai (despesas).

É como se, de repente, as nuvens se dissipassem e você pudesse ver o caminho claro à sua frente. Seu orçamento deixa de ser um enigma complexo e se transforma em um mapa transparente, apontando diretamente para o coração das suas finanças. É uma sensação de poder e controle, como se você tivesse acendido a luz em um quarto antes desconhecido.

Ao compreender com clareza os fluxos de entrada e saída, você não apenas conhece seus números, mas entende profundamente o significado por trás deles. É como desvendar os mistérios de uma trama intrigante, onde cada receita e despesa conta uma parte importante da sua história financeira. Estar no comando dessa narrativa é o que torna o entendimento do seu orçamento tão impactante.

Portanto, ao chegar a este ponto da nossa jornada financeira, não é apenas sobre ter uma visão cristalina; é sobre ter a chave para interpretar e moldar seu futuro financeiro. Essa clareza não é apenas uma luz no fim do túnel; é um farol que guia o caminho para decisões informadas e um equilíbrio financeiro sustentável. Estamos prestes a abrir portas que, até então, podiam ter passado despercebidas. Vamos explorar juntos esse terreno iluminado e transformar sua relação com o dinheiro em uma jornada empoderadora.

Compreensão das Receitas e Despesas:
Não estamos apenas brincando com cifrões aqui; estamos desvendando o verdadeiro significado por trás dos números. Suas receitas não são simplesmente valores que entram, mas sim as fontes vitais do seu dinheiro, as correntes que o alimentam e fazem pulsar vida financeira em seu orçamento. Da mesma forma, suas despesas não são meros números saindo; elas representam os destinos reais para os quais seu dinheiro embarca em sua jornada.

É como aprender a linguagem secreta do seu próprio orçamento. Suas receitas falam sobre oportunidades, possibilidades e as diferentes formas como você ganha seu sustento. Cada cifra conta uma história sobre sua habilidade de gerar renda, seja através do seu trabalho, investimentos ou outras fontes. É como ler um capítulo fascinante do livro da sua vida financeira.

As despesas, por outro lado, são as narrativas das escolhas que você faz diariamente. Elas revelam seus hábitos de gastos, prioridades e até mesmo seus sonhos. Entender para onde vai cada centavo é como desvendar os capítulos menos explorados do seu próprio livro financeiro. Cada despesa é uma decisão consciente ou inconsciente, moldando a trama da sua história financeira.

Portanto, ao desmistificar esses dois lados, você não está apenas fazendo malabarismos com números, está descobrindo os protagonistas da sua jornada financeira. É como entender os personagens de um filme, onde suas receitas são os heróis que impulsionam a trama e suas despesas são os desafios que adicionam emoção à história.

O entendimento profundo desses dois lados não é apenas essencial, é a chave para alcançar o tão desejado equilíbrio. Não se trata apenas de fazer as contas baterem; é sobre compreender o papel único de cada cifra, reconhecendo que cada número conta uma parte fundamental da narrativa da sua vida financeira. Portanto, prepare-se para desvendar esse enredo e assumir o controle da sua trama financeira de uma forma que vai além dos simples dígitos em uma folha de papel. Estamos prestes a criar uma história financeira que ressoa com significado e propósito. Vamos começar essa jornada!

A Importância do Equilíbrio Financeiro:

O equilíbrio financeiro não é apenas uma ideia abstrata; é a estrela guia que ilumina o caminho para uma vida financeira mais serena. Imagine isso como alcançar o ponto perfeito onde suas receitas não apenas encontram, mas abraçam suas despesas. É como acertar a dança perfeita entre o que entra e o que sai, proporcionando um alívio financeiro que faz você respirar fundo.

Visualize essa estrela guia como a constelação que orienta suas escolhas e ações financeiras. Quando suas receitas cobrem suas despesas, você não está apenas equilibrando números; está criando uma sinfonia financeira harmoniosa. Isso não é um simples ponto de equilíbrio; é um estado de tranquilidade, onde sua vida financeira flui suavemente, sem as turbulências do estresse financeiro.

Não subestime o poder transformador do equilíbrio financeiro. Não é apenas sobre manter contas em dia; é a chave mágica que abre portas para uma transformação duradoura nas suas finanças. Quando suas receitas não apenas satisfazem, mas superam suas despesas, você está construindo um alicerce sólido para o seu futuro financeiro.

Este equilíbrio não é um destino final; é um processo contínuo de ajustes e aprendizados. É como regar uma planta para que ela cresça forte e saudável. Ao respirar financeiramente, você não apenas sobrevive, mas floresce. Este não é apenas um ponto de chegada; é o início de uma jornada sustentável rumo a uma vida financeira mais próspera.

Portanto, quando buscamos o equilíbrio financeiro, não estamos apenas equacionando números. Estamos construindo a base para uma vida financeira que não apenas funciona, mas prospera. Esta estrela guia é mais do que uma ideia; é a bússola que nos guia para um futuro financeiro sustentável e repleto de possibilidades. Vamos explorar juntos esse caminho e descobrir o que significa verdadeiramente respirar financeiramente.

CAPÍTULO 3: ENTENDA OS PRINCIPAIS INVESTIMENTOS EM RENDA FIXA

3.1 Explicação Detalhada Sobre O Que É Renda Fixa:

Vamos mergulhar profundamente no fascinante mundo dos investimentos em renda fixa, desvendando cada camada desse conceito fundamental. Imagine a renda fixa como um contrato financeiro que oferece estabilidade e previsibilidade. É como ter uma promessa firme de retorno sobre o dinheiro que você investe. Para ilustrar, pense em um CDB (Certificado de Depósito Bancário), onde você empresta dinheiro ao banco por um tempo determinado e, ao final, recebe seu montante inicial mais os juros acordados. Isso é renda fixa - uma relação financeira onde os termos são claros e previsíveis.

3.2 Tipos De Investimentos Em Renda Fixa:

Agora, vamos explorar o vasto leque de opções disponíveis no mundo da renda fixa. Desde os populares CDBs, que são emitidos por bancos e oferecem retornos interessantes, até os títulos do Tesouro Direto, que são emitidos pelo governo e considerados investimentos de baixo risco. Vamos entender como funciona um CDB na prática: ao investir nesse título, você está emprestando dinheiro ao banco em troca de uma taxa de juros. Já o Tesouro Direto, por exemplo, é como emprestar dinheiro ao governo para financiar suas atividades, com a garantia de retorno ao final do prazo estipulado. Ao explorar essas opções, você terá uma visão mais abrangente do que a renda fixa pode oferecer.

Explorando Detalhadamente os Tipos de Investimentos em Renda Fixa:

1. Certificado de Depósito Bancário (CDB):

O que é:
O CDB é um título emitido por bancos para captar recursos. Ao investir em um CDB, você está emprestando dinheiro ao banco em troca de uma remuneração, que pode ser pré ou pós-fixada.

Como Funciona na Prática:
Suponha que você invista R$ 1.000 em um CDB com taxa de 10% ao ano. Ao final do período, você receberá seu capital inicial mais os juros. Se a taxa for pré-fixada, você já sabe o quanto receberá no vencimento. Se for pós-fixada, a remuneração dependerá de um indexador, geralmente o CDI.

Riscos e Benefícios:
CDBs geralmente oferecem retornos atrativos, especialmente em comparação com a poupança. O risco está associado à saúde financeira do banco emissor. Bancos menores podem oferecer taxas mais elevadas, mas apresentam maior risco de

inadimplência.

2. Títulos do Tesouro Direto:

O que é:
Os títulos do Tesouro Direto são emitidos pelo governo federal como forma de captar recursos para financiar suas atividades. São considerados investimentos de baixo risco.

Como Funciona na Prática:
Ao adquirir um título do Tesouro, você está emprestando dinheiro ao governo. O Tesouro oferece diferentes tipos de títulos, como Tesouro Selic, Tesouro IPCA+ e Tesouro Prefixado. O retorno pode ser pós-fixado, atrelado à inflação ou pré-fixado.

Riscos e Benefícios:
Títulos do Tesouro Direto são considerados de baixo risco, pois envolvem o pagamento do governo. O Tesouro Selic é indicado para quem busca liquidez, enquanto o IPCA+ e o Prefixado são opções para quem busca proteção contra a inflação ou taxa de retorno conhecida.

Considerações Finais:

Diversificação é a Chave:
Compreender esses investimentos oferece uma visão mais abrangente da renda fixa. Diversificar entre CDBs e títulos do Tesouro, por exemplo, pode ser uma estratégia para equilibrar riscos e retornos.

Prazo e Objetivos:
Escolher entre CDBs e Tesouro Direto também pode depender do seu horizonte de investimento e objetivos. Se busca maior liquidez, um CDB pode ser mais adequado. Se busca segurança e planejamento de médio a longo prazo, os títulos do Tesouro podem ser a escolha certa.

Ao explorar essas opções, você estará mais preparado para tomar decisões informadas, alinhando seus investimentos com seus objetivos financeiros e tolerância ao risco. Lembre-se, a chave é entender cada instrumento e como ele se encaixa no seu plano financeiro global.

3.3 Riscos E Benefícios Associados A Cada Tipo De Investimento:

Agora, aprofundemos nossa compreensão, examinando os riscos e benefícios específicos de cada tipo de investimento em renda fixa. Vamos considerar o exemplo de um CDB de um banco de menor porte. O benefício aqui seria um retorno potencialmente maior em comparação com um banco mais consolidado. No entanto, o risco associado é que um banco menor pode ter uma estabilidade financeira menos robusta, o que poderia impactar sua capacidade de cumprir os termos do contrato. No caso dos títulos do Tesouro Direto, os benefícios incluem a segurança proporcionada pelo respaldo do governo, mas os retornos podem ser mais modestos em comparação com outros investimentos de maior risco. Compreender esses detalhes é essencial para tomar decisões informadas e conscientes em seus investimentos em renda fixa.

Ao final deste capítulo, não apenas entendemos o que é renda fixa, mas também exploramos suas diversas facetas. Agora, estamos armados com conhecimento sólido para escolher os investimentos que melhor se alinham aos nossos objetivos financeiros. A jornada continua, e estamos prontos para desbravar o próximo capítulo rumo ao sucesso financeiro!

Riscos e Benefícios em Detalhe:

1. Certificado de Depósito Bancário (CDB):

Benefícios:

Retorno Potencialmente Maior: Bancos de menor porte muitas vezes oferecem taxas de remuneração mais atraentes para atrair investidores. Isso significa que o retorno potencial sobre um CDB de um banco menor pode ser superior em comparação com um banco mais consolidado.

Riscos:

Estabilidade Financeira Menos Robusta: Bancos menores podem apresentar maior volatilidade e menor estabilidade financeira. O risco associado reside na possibilidade de o banco não conseguir cumprir os termos do contrato em caso de dificuldades financeiras.

Exemplo Prático:

Imagine investir em um CDB de um banco de menor porte que oferece uma taxa de 15% ao ano. O benefício seria um retorno mais atrativo. No entanto, o risco está atrelado à estabilidade financeira do banco, e é crucial avaliar se o retorno compensa o risco assumido.

2. Títulos do Tesouro Direto:

Benefícios:

Segurança do Governo: Os títulos do Tesouro são considerados de baixo risco, pois são respaldados pelo governo. Isso oferece uma camada adicional de segurança ao investidor.

Riscos:

Retornos Mais Modestos: Em comparação com investimentos de maior risco, como ações, os títulos do Tesouro Direto podem oferecer retornos mais modestos. O benefício da segurança está relacionado à concessão de retornos potencialmente menores.

Exemplo Prático:

Ao investir em um título do Tesouro Selic, você tem a segurança do respaldo do governo, mas o retorno pode ser mais moderado, especialmente em cenários de baixa taxa de juros. O benefício é a segurança; o risco está relacionado aos retornos potencialmente menores.

Considerações Finais:

Equilibrando Riscos e Retornos:

Compreender os riscos e benefícios permite que você equilibre suas escolhas de investimento de acordo com sua tolerância ao risco e objetivos financeiros.

Diversificação como Estratégia:

Diversificar entre CDBs de diferentes bancos e títulos do Tesouro pode ser uma estratégia eficaz para reduzir riscos, aproveitando as vantagens de diferentes instrumentos.

Ao desbravar esses detalhes, você não apenas ganha clareza sobre os riscos e benefícios associados a cada investimento em renda fixa, mas também se torna mais capacitado para tomar decisões informadas e conscientes em sua jornada rumo ao sucesso financeiro. Este é apenas o início, e a jornada continua com a exploração do próximo capítulo. Estamos prontos para seguir adiante!

CAPÍTULO 4: COMO FAZER O PRIMEIRO INVESTIMENTO

4.1 Definição De Metas Financeiras:

Detalhes:

Estabelecer metas financeiras é a bússola que guiará seu caminho. Essas metas podem incluir a compra de um carro, a realização de uma viagem ou a constituição de uma reserva de emergência. São essenciais para direcionar seu planejamento financeiro.

Exemplo Prático:

Suponha que sua meta seja construir uma reserva de emergência equivalente a três meses de despesas. Isso proporciona uma visão clara do objetivo a ser alcançado.

4.2 Determinação Do Valor A Ser Investido:

Detalhes:

Descobrir quanto investir é uma etapa crucial. Isso envolve avaliar seu orçamento, identificar uma quantia que não comprometa suas despesas essenciais e, ao mesmo tempo, permita o crescimento do seu patrimônio.

Exemplo Prático:

Se, após analisar seu orçamento, você decide investir R$ 500, isso representa uma quantia que você pode alocar mensalmente sem prejudicar suas necessidades básicas.

4.3 Passo A Passo Para Investir Em Renda Fixa:

Detalhes:

Este guia prático levará você desde a escolha do investimento até a conclusão da transação. Exploraremos as plataformas online, a seleção entre CDBs e títulos do Tesouro Direto, e a execução do investimento de maneira segura.

Exemplo Prático:

Ao escolher um título do Tesouro Direto, você acessa a plataforma online, seleciona o título desejado (por exemplo, Tesouro Selic), indica o valor a ser investido e confirma a transação.

4.4 Considerações Sobre Taxa De Juros E Prazos:

Detalhes:

Entender como as taxas de juros e os prazos impactam seus rendimentos é crucial. Aqui, vamos descomplicar esses conceitos, mostrando como escolher investimentos alinhados ao seu entendimento.

Exemplo Prático:

Se você opta por um CDB com prazo de 12 meses e taxa de 10% ao ano, isso significa que, ao final do período, receberá seu capital inicial mais 10% de rendimento.
Considerações Finais:

Conectando os Pontos:

Ao compreender cada etapa, você conecta os pontos do processo de investir em renda fixa. Metas claras, valores determinados e entendimento das nuances garantem uma jornada mais eficaz.

Adaptação ao Seu Contexto:

A adaptabilidade é chave. Considere suas metas, orçamento e conhecimento ao seguir esse guia. Não há uma abordagem única, e adaptar o processo ao seu contexto é fundamental.

Com esse mergulho detalhado, você estará pronto para dar o passo inicial em direção ao seu primeiro investimento em renda fixa. Este é um marco significativo em sua jornada financeira, e agora você possui as ferramentas necessárias para torná-lo bem-sucedido. A próxima etapa nos aguarda!

CAPÍTULO 5: COMO FAZER SAQUES DOS MEUS RENDIMENTOS

5.1 A Importância De Entender O Prazo De Vencimento:

Detalhes:

Vamos explorar a relevância de compreender os prazos de vencimento dos investimentos. Entender como o tempo impacta seus rendimentos é crucial para uma gestão financeira eficaz.

Exemplo Prático:

Se você investiu em um CDB com vencimento em 24 meses, retirar os fundos antes desse prazo pode resultar em perda de rendimentos. Compreender os prazos ajuda a tomar decisões mais conscientes.

5.2 Procedimentos Para Realizar Saques:

Detalhes:

Conhecer os passos necessários para realizar saques de forma eficiente é essencial. Vamos desbravar as etapas práticas, desde acessar sua plataforma de investimento até a confirmação da transação.

Exemplo Prático:

Ao acessar sua plataforma online, localize a opção de saque, indique o valor desejado, confirme a transação e siga os procedimentos de segurança. Compreender esse processo simplifica suas operações financeiras.

5.3 Como Reinvestir Ou Diversificar Os Ganhos:

Detalhes:

Descubra opções inteligentes para reinvestir ou diversificar seus ganhos. Maximizar seu potencial financeiro envolve escolhas estratégicas após os saques.

Exemplo Prático:

Após um saque, considere reinvestir parte dos fundos em outros instrumentos financeiros ou diversificar em diferentes tipos de ativos. Isso ajuda a otimizar seus rendimentos e a construir um portfólio equilibrado.

Conclusão:

Mensagem Final:

Parabéns pela jornada até aqui! Desde a abertura da conta até o primeiro investimento em renda fixa, você conquistou passos significativos. Este é apenas o início de uma trajetória financeira mais robusta. Continue aprendendo e explore novas oportunidades.

RECURSOS ADICIONAIS:

Sugestões de Leitura Complementar:

"Pai Rico, Pai Pobre" - Robert T. Kiyosaki:

Este best-seller oferece uma perspectiva única sobre finanças pessoais, destacando a importância de investir e construir ativos.
"O Homem Mais Rico da Babilônia" - George S. Clason:

Uma obra clássica que aborda princípios financeiros por meio de parábolas ambientadas na antiga Babilônia, proporcionando lições valiosas.

Websites e Aplicativos Úteis:

Guiabolso (App):

Um aplicativo que organiza suas finanças, categoriza despesas e receitas, proporcionando uma visão clara de seus hábitos financeiros.
Investopedia (Website):

Uma plataforma online que oferece artigos, tutoriais e recursos educativos sobre uma ampla gama de tópicos financeiros, desde investimentos até conceitos econômicos.

Glossário com Termos Financeiros Básicos:

Tesouro Selic:

Um título do Tesouro Direto atrelado à taxa básica de juros da economia brasileira, oferecendo segurança e liquidez.

CDI (Certificado de Depósito Interbancário):

Uma taxa que acompanha de perto a taxa Selic, frequentemente usada como referência para rendimentos em investimentos de renda fixa.

CONCLUSÃO

Ao concluir este capítulo, recomendamos a leitura desses materiais para expandir ainda mais seus conhecimentos:

"O Investidor Inteligente" - Benjamin Graham
"Os Segredos da Mente Milionária" - T. Harv Eker

Explore esses recursos, continue aprimorando suas habilidades financeiras e esteja aberto a novas oportunidades. A jornada para o sucesso financeiro é contínua, e estamos aqui para apoiá-lo. Vamos seguir adiante!

www.ingramcontent.com/pod-product-compliance
Lightning Source LLC
Chambersburg PA
CBHW070954220526
45471CB00007B/3030